Claudette Jacques

Mandalas para desarrollar...

la gratitud

Cuaderno para colorear

EDICIONES OBELISCO

Si este libro le ha interesado y desea que le mantengamos informado de nuestras publicaciones, escríbanos indicándonos qué temas son de su interés (Astrología, Autoayuda, Ciencias Ocultas, Artes Marciales, Naturismo, Espiritualidad, Tradición...) y gustosamente le complaceremos.

Puede consultar nuestro catálogo en www.edicionesobelisco.com

Los editores no han comprobado la eficacia ni el resultado de las recetas, productos, fórmulas técnicas, ejercicios o similares contenidos en este libro. Instan a los lectores a consultar al médico o especialista de la salud ante cualquier duda que surja. No asumen, por lo tanto, responsabilidad alguna en cuanto a su utilización ni realizan asesoramiento al respecto.

Colección Nueva Conciencia
MANDALAS PARA DESARROLLAR LA GRATITUD
Claudette Jacques

1.ª edición: junio de 2015
2.ª edición: diciembre de 2016

Título original: *Mandalas pour développer... la gratitude*

Traducción: *Joana Delgado*
Corrección: *Sara Moreno*
Maquetación y diseño de cubierta: *Marjorie Patry*

© 2009, Les Éditions Le Dauphin Blanc, Inc.
(Reservados los derechos para la presente edición)
© 2015, Ediciones Obelisco, S. L.
(Reservados los derechos para la presente edición)

Edita: Ediciones Obelisco, S. L.
Collita, 23-25. Pol. Ind. Molí de la Bastida
08191 Rubí - Barcelona - España
Tel. 93 309 85 25 - Fax 93 309 85 23
E-mail: info@edicionesobelisco.com

ISBN: 978-84-16192-87-8
Depósito legal: B-13.148-2015

Printed in Spain

Impreso en Gráficas 94, Hermanos Molina S. L.
Polígono Industrial Can Casablancas
Garrotxa, nave 5 - 08192 Sant Quirze del Vallès (Barcelona)

Reservados todos los derechos. Ninguna parte de esta publicación, incluido el diseño de la cubierta, puede ser reproducida, almacenada, transmitida o utilizada en manera alguna por ningún medio, ya sea electrónico, químico, mecánico, óptico, de grabación o electrográfico, sin el previo consentimiento por escrito del editor. Diríjase a CEDRO (Centro Español de Derechos Reprográficos, www.cedro.org) si necesita fotocopiar o escanear algún fragmento de esta obra.

Prólogo

Los cuadernos de mandalas para colorear se ofrecen para que el mayor número de personas posible descubra esas herramientas mal conocidas, creativas y a la vez terapéuticas. Falta tiempo para que cada uno dibuje sus propios mandalas. Así, los dibujos para colorear que vienen a continuación nos brindan la oportunidad de beneficiarnos de la paz y la armonía que proporcionan los mandalas.

El propósito inicial de un mandala es unificar y armonizar. Por razones no determinadas, el mero hecho de entrar en un círculo modifica el nivel vibratorio. Entonces los mandalas producen una unificación de los dos hemisferios del cerebro y armonizan las dualidades y los contrarios. Favorecen el autoconocimiento y sirven de apoyo a la meditación.

Estos dibujos están al alcance de todos. Sólo se necesitan entre cinco y siete lápices de colores, de tonos distintos, y darse este respiro. La obra entonces se pone en movimiento. El hecho de empezar por el centro invita a reunirse con el propio centro, a contactar con uno mismo y luego viajar dentro del círculo como un espacio seguro, tal como debería hacerse en la vida.

Durante el coloreado, hay que recordar que el centro debe contener todos los colores que se utilizan, pues es en el centro donde radica la posibilidad de beneficiarse de los atributos de los colores. Cada vez que se utiliza un lápiz nuevo hay que asegurarse de dejar en el centro un toque de ese nuevo color.

También debe recordarse que es posible personalizar los mandalas, optando por respetar las formas ya diseñadas o bien creando otras nuevas.

Te invito a probarlos y descubrir sus bondades.

Claudette Jacques

Nota: Toma conciencia de cómo te sientes antes y después de haber coloreado cada mandala. Es interesante constatar hasta qué punto colorear mandalas llega a trasformar un estado anímico corriente en uno más armonioso.

Mandalas para desarrollar… la gratitud

Manifestar gratitud en los pequeños gestos de la vida es dar importancia a todo aquello que se presenta, es reconocer el poder del pensamiento sobre la materia, es vivir en una constante vibración, la de recibir sin tener que pedir.

Dar las gracias desde el momento del despertar y empezar el día con un pensamiento de reconocimiento por todo lo que la vida nos ofrece es vivir en armonía con el universo. Cuando damos las gracias, se activa la ley de la realización, una ley que tiene como prioridad aumentar aquello que apreciamos. ¿Podemos llegar a imaginar cómo sería la vida si nos apreciáramos y apreciamos a los demás? Todo aumentará: la salud, la felicidad, la amistad, el amor, etc.

La gratitud constituye un método extraordinario, al alcance de todos nosotros, que permite transformar la vida. Nos hace ver el lado bueno de las cosas, nos permite apreciar lo que tenemos y acabar con el descontento, la crítica y la rabia. De algún modo, quedamos protegidos de la enfermedad, de la locura, de la desesperación, pues la gratitud aumenta la producción de unas hormonas beneficiosas denominadas endorfinas, que son un potente tónico para el corazón, el cuerpo y el espíritu.

Día tras día, llenarnos de respecto, de alegría y de agradecimiento atraerá hacia nosotros las bendiciones del universo. Agradecer es dar en todo momento las gracias a la vida.

Te invito a colorear y, recorriendo las formas del mandala, a sentirte agradecido a fin de integrar la gratitud en todo lo cotidiano. No dudes en dar las gracias, en apreciar un cumplido, una sonrisa, un gesto bondadoso, pues a cada instante, creas tu vida.

¡Sé creativo!

Claudette Jacques

Nota: En los dibujos, los espacios libres permiten añadir un toque personal, como por ejemplo un deseo, un nombre, un mensaje.

El antídoto

La apreciación es una actitud mental a desarrollar. Apreciar es ir de satisfacción en satisfacción, de éxito en éxito.

Es bien cierto que hay etapas difíciles, pero hay que encontrar una manera de estar agradecido incluso en los momentos más penosos. El agradecimiento es el antídoto que impedirá que una situación se envenene aún más. Apreciar la vida cuando todo va bien es maravilloso, pero hacerlo en tiempos difíciles es grandioso.

¡Doy las gracias al universo, y anoto diez razones que me incitan a dar las gracias en el día de hoy!

Crear tu vida

¿Con qué deseamos tejer nuestra vida? Pues por supuesto con varias briznas de amor y de amistad, con hilos de colores para trenzar descubrimientos e intercambios; con hilos de uno mismo para tejer la alegría, la música. Apreciar nuestras maravillas incita al universo a maravillarnos aún más.

¡Aprecio todo lo que tengo y doy las gracias por ello!

La voluntad del corazón

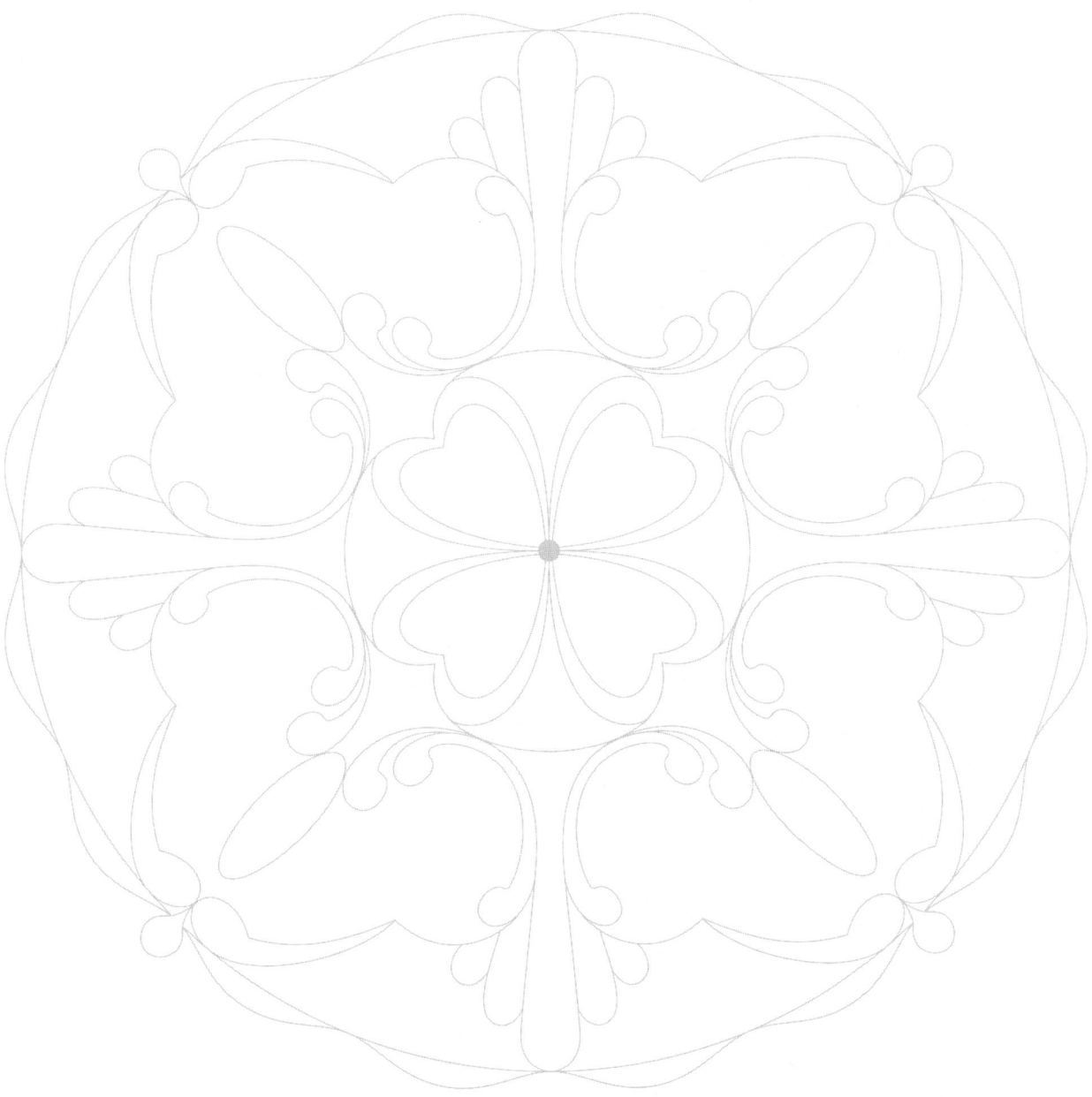

Para vivir acorde con el corazón, debemos acallar lo racional, acoger aquello que el ego rechaza, volver a la simplicidad. Tenemos que seguir el movimiento que nos lleva a abrirnos a los demás y, sobre todo, captar todas las ocasiones de amar.

Si no dejamos de expresar nuestra gratitud, podremos acompasar el ritmo de nuestro corazón con el del corazón universal.

Coloreando mi mandala, vibro con todo mi corazón y digo. ¡Gracias, gracias, gracias!

La transformación de las células

La física cuántica ha demostrado que la vibración del amor armoniza la estructura de las moléculas del agua. Puesto que estamos formados por un 75 por 100 de agua, cuando damos las gracias, millones de células reciben una dosis de reconocimiento que las regenera, las reequilibra, las transforma.

Cuando apreciamos nuestro ser en su totalidad, colaboramos conscientemente con nuestras células. ¡Cambiando un mundo infinitamente pequeño, cambiaremos el mundo entero!

Honro a cada una de mis células y les doy las gracias por el trabajo que desempeñan.

La energía del amor

¿Somos conscientes de cuántas personas contribuyen a nuestro confort y nuestra felicidad? ¿Qué haríamos sin los campesinos, los restauradores, los médicos, los enfermeros, los basureros? ¡Todos ellos contribuyen a nuestro bienestar, a nuestra salud, a nuestra felicidad!

Siendo agradecidos enviamos a todo el universo una energía de amor que puede ayudar a que el trigo crezca. Cada día doy las gracias a diez personas que contribuyen a mi bienestar.

¡Aprecio y doy las gracias a las personas que están cerca de mí, agrando ese círculo y abro mi corazón para que entre la mayor cantidad de gente posible!

El reconocimiento

Encontrar cada día una ocasión propicia para reconocer la grandeza de la vida permite vivir lo cotidiano con una profunda alegría, apreciar la felicidad más sencilla y la vida a pesar de los sinuosos recodos del camino.

Al adoptar una actitud atenta y bien intencionada, descubriremos, día a día, instantes únicos, silencios apacibles, bellezas insospechadas. ¡Acojamos con reconocimiento aquello que nos llega, ya sea la tempestad o la fiesta!

¡Cada día, reconozco y agradezco la grandeza de la vida!

El mago

Todos somos magos; algunos lo demuestran, mientras que otros ni siquiera son conscientes de ello. Desde el preciso instante en que nos mostramos agradecidos, se opera la magia. Cada despertar es más alegre; cada día, más soleado. La vida transcurre armoniosamente, acompañada de seres entrañables, con alegría y abundancia.

¡Seamos magos, transformemos nuestras críticas en palabras amorosas y nuestras quejas en melodías, intercambiemos sonrisas, risas, complicidades! ¡Unamos nuestras voces para hacer cantar al plantea, y el universo entero cantará!

¡Creo mi mundo a la medida de mis sueños e invito a aquéllos a quienes amo!

Agradecer las maravillas

¿Qué sería del mundo sin la música, sin las fragancias, sin los colores? Al apreciar a los artistas, a los músicos, a los compositores, damos las gracias a las obras de esos seres que, por su amor a la vida, han creado maravillas y han hecho que nuestro mundo sea más musical, más extraordinario.

Llenemos nuestros vasos de esas maravillas, añadámosles nuestro reconocimiento y podremos beber por la prosperidad de todos esos creadores que transforman la vida en sonidos y colores.

¡Expreso mi gratitud a todos los creadores y al gran director de orquestra!

Un camino a seguir

Cuando tratamos a los seres humanos con reconocimiento, se produce un cambio en nosotros y también en nuestro exterior. A consecuencia de las atenciones particulares que manifestamos, hombres y mujeres se sienten valorados, únicos.

Reconocer a las personas que nos acompañan permite apreciar la presencia del otro, quererlo como si fuera una parte de nosotros mismos. De este modo se crea intimidad, fraternidad.

Doy las gracias a los seres humanos que forman parte de mi vida. Les agradezco que me den la oportunidad de amarlos. ¡Gracias!

Apreciar los milagros

Cuando la genética nos revela los secretos de la concepción y de la gestación, no podemos por menos que maravillarnos. Nos quedamos impresionados ante el milagro de la creación.

Salvar a un ser humano que sufre desamparo, amar a quien nos odia, expresar gratitud hacia el ser humano que somos, muchos son los milagros que merecen ser apreciados. ¡Cada día tenemos la posibilidad de hacer milagros, sólo tenemos que estar presentes!

¡Doy las gracias por todos los milagros que vivo en el día de hoy!

La gratitud del ser humano

La gratitud tiene un comienzo, pero no tiene un fin. La gratitud comienza por un simple gracias que se repite con más consciencia. Después, de apreciación en apreciación, llegamos a la gratitud integrada, aquella que vibra en lo más profundo de nuestro ser. Entonces la gratitud no necesita de las palabras, se convierte en una vibración que se instala por siempre jamás en el ser reconocido.

Vivir constantemente la gratitud nos demuestra que la vida es abundancia y que si sabemos agradecer nada se nos negará.

¡Estoy agradecido!

El arcoíris

La vida es un movimiento continuo: unas veces hacer reír; otras, llorar. La gratitud reequilibra, nos orienta hacia el camino del corazón. Visto desde ese ángulo, todos los avatares de la vida se unen para formar un todo. Las sombras, que nos parecen inconvenientes, servirán para unir los días grises y los días luminosos, y nos ofrecerán una paleta de colores semejante a un arcoíris.

¡La gratitud transforma la vida y hace que irradie todos los colores!

Aprecio la vida con sus luces y sombras y acepto los distintos colores de los días.

El pensamiento consciente

La ley de la realización se activa con el pensamiento consciente de aquello que deseamos. Su efecto es el desarrollo de una vibración magnética, atrayendo hacia sí a aquello que se encuentre en la misma longitud de onda.

Si con un pensamiento podemos activar una ley, ello nos demuestra hasta qué punto es importante saber qué es lo que queremos atraer, pues el universo está siempre a la escucha. Un pensamiento amoroso atraerá más amor a nuestra vida. Si reconocemos la vida como perfecta, atraeremos más perfección a todos los niveles.

Aprecio mi riqueza interior y exterior y digo: ¡gracias, gracias, gracias!

La vibración se propaga

Los gestos y las palabras de una persona amorosa están llenas de vibraciones que se esparcen a su alrededor. La gratitud vibra en la misma frecuencia que el amor. Cuando damos las gracias, creamos un ambiente de solidaridad, de camaradería. El que recibe está inspirado; si estamos satisfechos, contentos, felices, influenciamos nuestro entorno.

Prueba esto con amigos: pregúntales las cosas por las que darían las gracias hoy. Cuantas más personas agradezcamos, más agradable será vivir la vida, incluso a los más desfavorecidos.

¡Tengo el corazón lleno de gratitud!

Mandala de intuición

El mandala de intuición es una invitación a crear tu propio mandala. Formado a partir del círculo y del punto, es único, sencillo pero completo. En ese tipo de mandala, en particular, el punto debe ser perfectamente identificable porque no hay otra estructura. A pesar de su sencillez aparente, este mandala permite la comunicación entre el alma, el cuerpo y el espíritu. Es bueno para cualquier persona que camine, que busque comprender lo que la vida le presenta.

Al colorear con colores primarios, por ejemplo dos azules, dos amarillos, dos rojos, los colores pegados unos a otros producen los siete colores de los chakras, y éstos se armonizan al contacto con los colores.

Este mandala se puede hacer cada día o cada semana según tu disponibilidad. Es el momento ideal para recorrer el interior del círculo con un gesto de vaivén, beneficiándote de la protección del círculo para liberarte, y al mismo tiempo estar a la escucha de lo que ocurre dentro de ti. Es la oportunidad de aceptar todo lo que hay, todo lo que eres.

Dar color al mandala de la intuición:

Desprende primero el dibujo del cuaderno para que resulte más fácil colorearlo. Empieza desde el centro, por ejemplo con el amarillo: vuelve a definir el punto central con ese color. Haz girar varias veces el lápiz en el centro y luego viaja por el círculo, sin pensar, dibujando pequeños círculos o espirales, volviendo al centro a veces, pero dejando que tu mano se desplace a su ritmo y a su conveniencia. Termina con un trazado en la periferia, haz el círculo con este color amarillo antes de cambiar de lápiz de color. Haz lo mismo con el azul, luego con el rojo. Mantén el lápiz recto y bien afilado para sentir el movimiento del lápiz que, al mismo tiempo que colorea dentro del mandala, hace que el color circule por todo tu ser.

«Al hacer este mandala de intuición, estoy dispuesto a armonizarme, a descubrir mi potencial creador».

¡Buen mandala y que la experiencia te sea provechosa!

Mandala de intuición

SUBMARINO 1
Libro del alumno

María Eugenia Santana
Mar Rodríguez

Usa este código para acceder al
LIBRO DIGITAL
y al
BANCO DE RECURSOS
disponibles en

ELE digital

www.anayaeledigital.es

edelsa

1.ª edición: 2019
5.ª impresión: 2025

© Edelsa Grupo Didascalia, S. A. Madrid, 2019

© Autoras: María Eugenia Santana y Mar Rodríguez

Equipo editorial
Coordinación: María Sodore
Edición: María Sodore y Óscar Cerrolaza
Ilustraciones: Gustavo Mazali
Diseño de cubierta: Carolina García
Diseño: Carolina García
Maquetación de interior: Ana Martínez
Corrección: Alicia Iglesia

Fotografías: 123 rf

Audio
Dirección de locución, composición de canciones y grabación:
Fernando Navarro y Mauricio Corretjé
Voces de la locución y de las canciones:
Isabel Dimas, Mercedes Salvadores y Mauri Corretjé

ISBN: 978-84-9081-102-3
Depósito legal: M-15678-2022

Impreso en España/*Printed in Spain*

PAPEL DE FIBRA
CERTIFICADO

- Las normas ortográficas seguidas en este libro son las establecidas por la Real Academia Española en su última edición de la *Ortografía*.
- La editorial Edelsa ha solicitado los permisos y las autorizaciones correspondientes y da las gracias a todas aquellas personas e instituciones que han prestado su colaboración.
- Las imágenes y documentos no consignados más arriba pertenecen al Departamento de Imagen de Edelsa.
- Cualquier forma de reproducción de esta obra solo puede ser realizada con la autorización de la editorial, salvo excepción prevista por la ley. Diríjase a CEDRO (Centro Español de Derechos Reprográficos, www.cedro.org) si necesita fotocopiar o escanear algún fragmento de esta obra.

ÍNDICE

Unidad 1 — ¡Hola! ¿Cómo te llamas? — Página 4

Unidad 2 — Esta es mi mochila — Página 14

Unidad 3 — ¿Qué ropa llevas? — Página 24

Unidad 4 — ¿Cómo eres? — Página 34

Unidad 5 — ¡Vamos al zoo! — Página 44

Unidad 6 — Esta es mi familia — Página 54

ICONOS

- Escucha
- Ordena
- Recorta
- Escribe/Dibuja
- Juega
- Dramatiza
- Mira
- Habla
- Muévete
- Repite
- Colorea
- Relaciona
- Canta

LECCIÓN 1

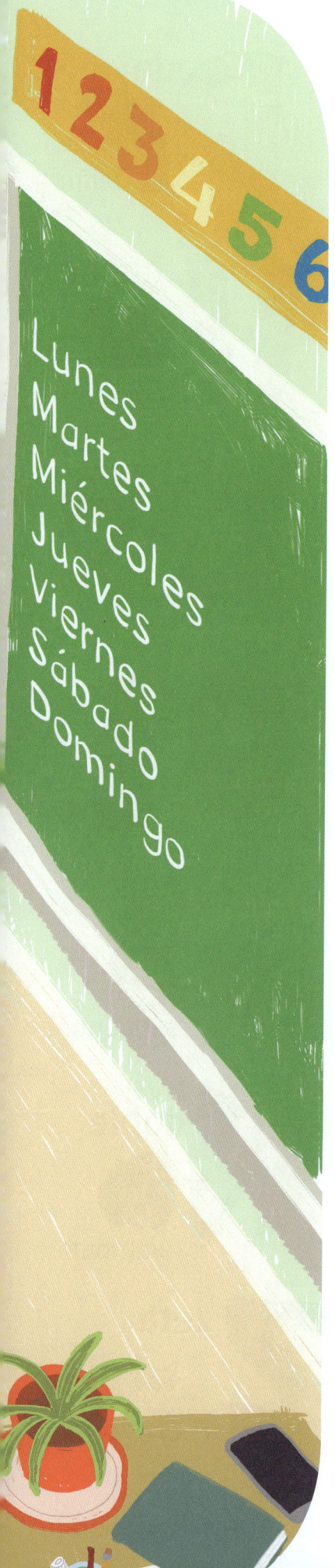

 1. Mira y repite.

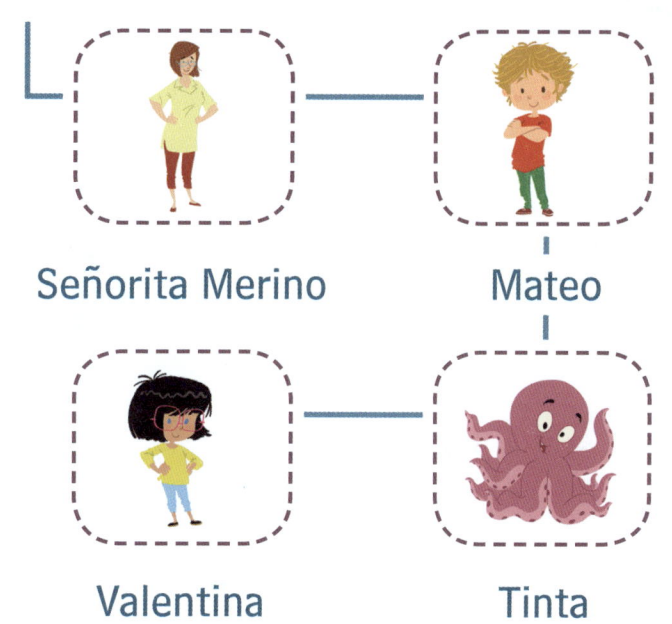

Señorita Merino — Mateo

Valentina — Tinta

🎧 1 ▎Ahora, escucha y pega.

 2. Repite las frases.

a. Mateo es un niño.
b. Valentina es una niña.
c. La señorita Merino es una profesora.
d. Tinta es un pulpo.

 **3. Practica con tu compañero.**

Hola, me llamo Valentina y soy una niña.

Hola, me llamo Mateo y soy un niño.

¿Y tú, cómo te llamas?

cinco 5

Unidad 1

A a  araña
B be  burro
C ce  conejo
D de  delfín

E e  elefante
F efe  foca
G ge  gato
H hache  hipopótamo

I i  iguana
J jota  jirafa
K ka  koala
L ele  león

M eme  mono
N ene  nutria
Ñ eñe  ñu
O o  oso

P pe  perro
Q cu  quetzal
R erre  rinoceronte
S ese  serpiente

T te  tigre
U u  urraca
V uve  vaca
W uve doble  wambat

X equis  xenopus
Y ye  yac
Z zeta  zorro

LECCIÓN 2

 1. Escucha la canción del alfabeto y canta.

 ▌Colorea las letras de tu nombre.

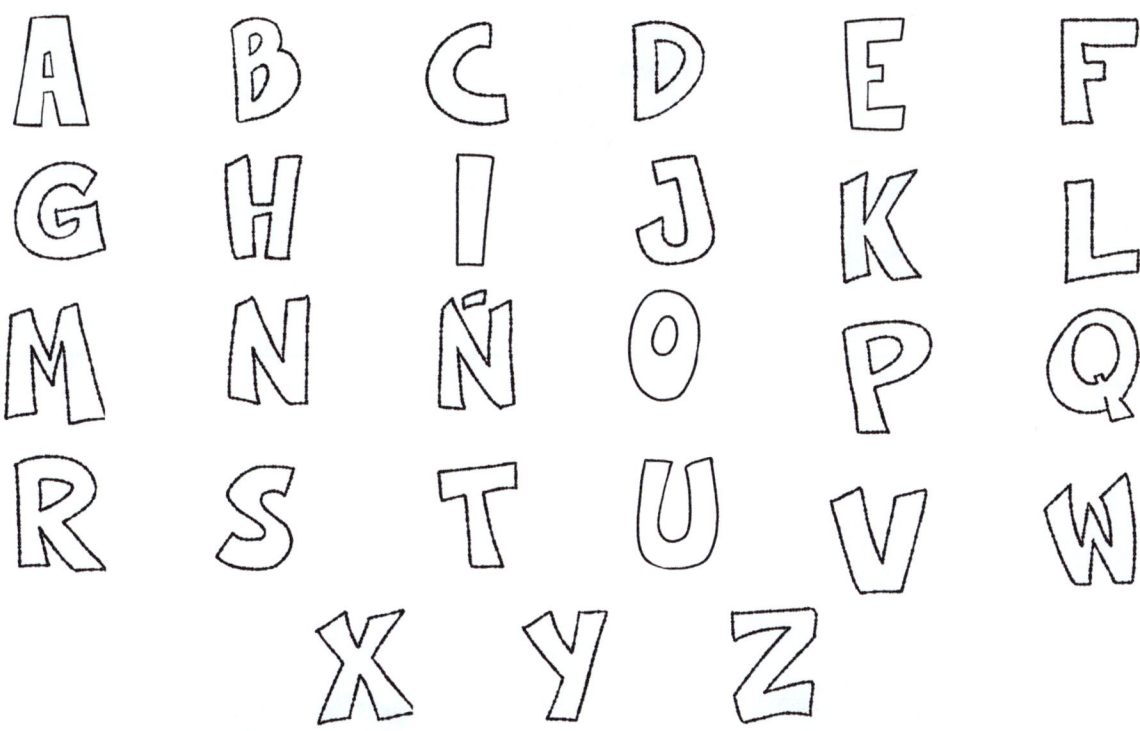

 **2.** Escribe tu nombre en tu libro.

 **3.** Dibuja y colorea.

Mi letra favorita   Mi animal favorito

siete 7

Unidad 1

Las aventuras de Tinta

 1. Mira y escucha la historia.

Panel 1:
- ¡Hola!
- ¡Hola!
- ¡Hola!

Panel 2:
- ¿Cómo te llamas?
- Me llamo Valentina. ¿Y tú, cómo te llamas?
- Me llamo Mateo.
- ¿Y tú, cómo te llamas?
- Me llamo pulpo.

Panel 3:
- ¡No! Te llamas Tinta.
- Sí, me llamo Tinta.
- ¡Adiós, Valentina!

 **2. Dramatiza la historia.**

LECCIÓN 3

 3. Relaciona.

¡Hola!   ¡Adiós!

¡Adiós!   ¡Hola!

 4. Juega con los nombres.

 Me llamo Valentina.  Se llama Valentina.

5. Escucha la canción y canta.

Los números

Uno, dos, tres,
cuatro, cinco, seis,
siete, ocho, nueve, diez,
diez, diez, diez.
Vamos, otra vez.
Uno, dos, tres,
cuatro, cinco, seis,
siete, ocho, nueve, diez,
diez, diez, diez.

nueve 9

Unidad 1

Conexión con lengua — Instrucciones

LECCIÓN 4

1. Relaciona y lee.

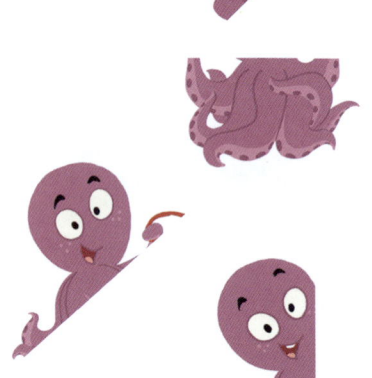

- Escucha
- Escribe/Dibuja
- Repite
- Recorta
- Colorea
- Habla
- Relaciona

2. Mira y dramatiza.

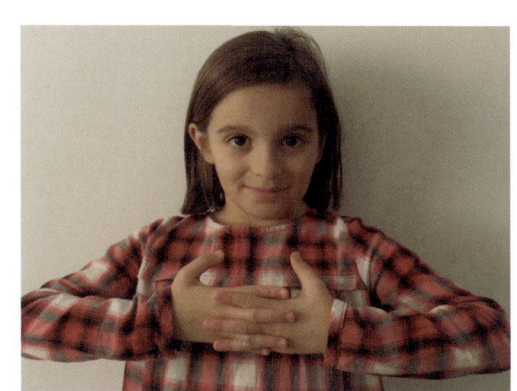

10 diez

Explora

LECCIÓN 5

Me llamo Guadalupe, soy una niña y soy de **México**.

Me llamo Raúl, soy un niño y soy de **Cuba**.

Me llamo Catalina, soy una niña y soy de **Colombia**.

Me llamo Alejandro, soy un niño y soy de **Perú**.

Me llamo Eduardo, soy un niño y soy de **Argentina**.

1. Relaciona cada niño con su país.

Eduardo	Colombia
Raúl	Perú
Guadalupe	Argentina
Catalina	Cuba
Alejandro	México

2. ¿Y tú, en qué país vives?

Tu nombre _____

Silueta de tu país

Tu país _____

once 11

Unidad 1

Crea Tu nube

LOS MATERIALES

LOS PASOS

1.
2.
3.
4.

LECCIÓN 6

 1. Recorta, escribe y pega.

 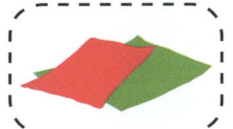

 2. Habla, escribe y cuenta.

Nombre del niño o de la niña	Número de letras
Mateo	5

 3. Escucha y canta.

El nombre de María

El nombre de María que cinco letras tiene:
la eme, la a, la ere, la i, la a: María.

 4. Canta con tu nombre.

El nombre de...

El nombre de Hugo que cuatro letras tiene:
la hache, la u, la ge, la o: Hugo.

 5. Adivina, adivinanza.

trece 13

Esta es mi mochila

Unidad 2

 1. Observa y señala el color.

 2. Mira y repite.

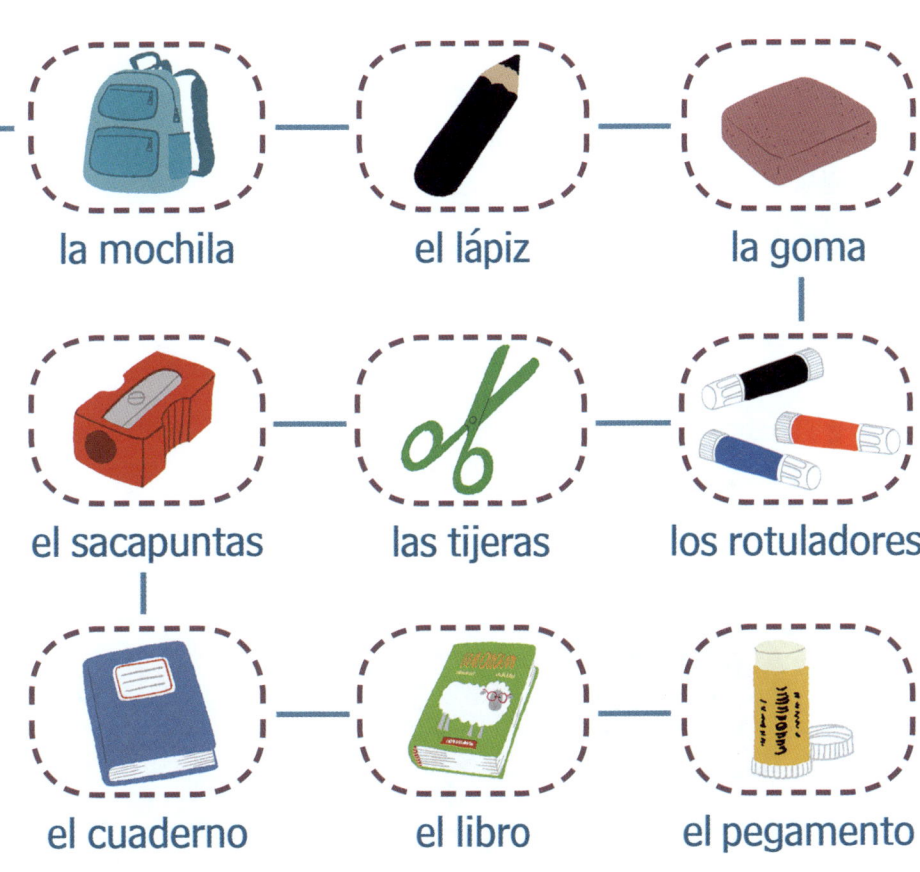

 ▌ Ahora, escucha y pega.

 3. Responde a tu profesor o profesora y señala.

Profesora: ¿Dónde hay un libro?
Los niños y niñas: Aquí, aquí.
Profesora: ¿Dónde está el libro rojo?
Los niños y niñas: Aquí, aquí.

Unidad 2

 1. Escucha la canción y canta.

Tengo una mochila

Tengo, tengo, tengo
un pegamento blanco.
Tengo, tengo, tengo
dos sacapuntas negros.
Tengo, tengo, tengo
tres tijeras rojas.
Tengo, tengo, tengo.
Tengo, tengo, tengo
cuatro lápices amarillos.

Tengo, tengo, tengo
cinco cuadernos verdes.
Tengo, tengo, tengo
seis gomas azules.
Tengo, tengo, tengo
mi mochila preparada
para la escuela.

2. Escribe.

Tengo dos brazos.

Tengo _____ brazos.

Tengo _____ _____.

LECCIÓN 2

🎧 **3.** Escucha, dibuja y colorea.

4. Completa y practica con tu compañero.

"Yo tengo seis años. Tú tienes siete años."

"¿Y tú, Tinta, cuántos años tienes?"

"¿Y tú, cuántos años tienes?"

"Yo _____ _____ años."

diecisiete 17

Unidad 2 — Las aventuras de Tinta

 1. Mira y escucha la historia.

 **2. Dramatiza la historia.**

3. Escucha y pon en la mochila los objetos para el colegio.

 4. Rodea el objeto que no llevas en la mochila.

a. el lápiz    el sacapuntas    la mesa

b. el pegamento    la ventana    los rotuladores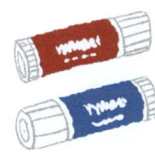

c. la televisión     la goma    el libro

d. el cuaderno    el mapa 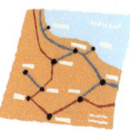   el sacapuntas

Unidad 2

Conexión con Matemáticas — Sumar

LECCIÓN 4

 **1. Escribe.**

a. 3   b. ☐   c. ☐

d. ☐   e. ☐   f. ☐

 **2. Dibuja tu tarta.**

 3. Cuenta y colorea.

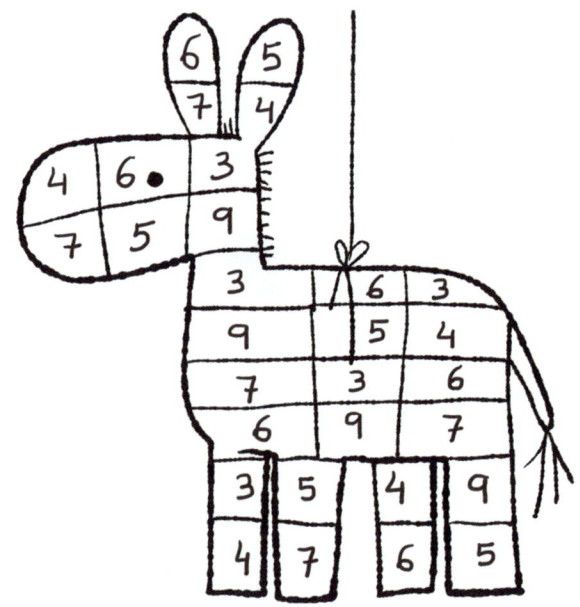

Tus años: _____

1+2=    2+3=   5+2=

2+2=    3+3=   2+7=

Explora

LECCIÓN 5

¡Hola! Soy Guadalupe.

México

 1. Repasa la palabra y colorea la bandera.

 2. Escucha la canción y canta.

Tengo uno, tengo dos

¿Tienes uno?
¿Tienes dos?
¿Tienes tres?
¿Tienes cuatro?
¿Tienes cinco?

¿Tienes seis?
¿Tienes siete?
¿Tienes ocho?
¿Tienes nueve?
¿Tienes diez?

Cumpleaños feliz,
cumpleaños feliz,
te deseamos todos
cumpleaños feliz.

veintiuno 21

Unidad 2

Crea Tu mochila

LOS MATERIALES

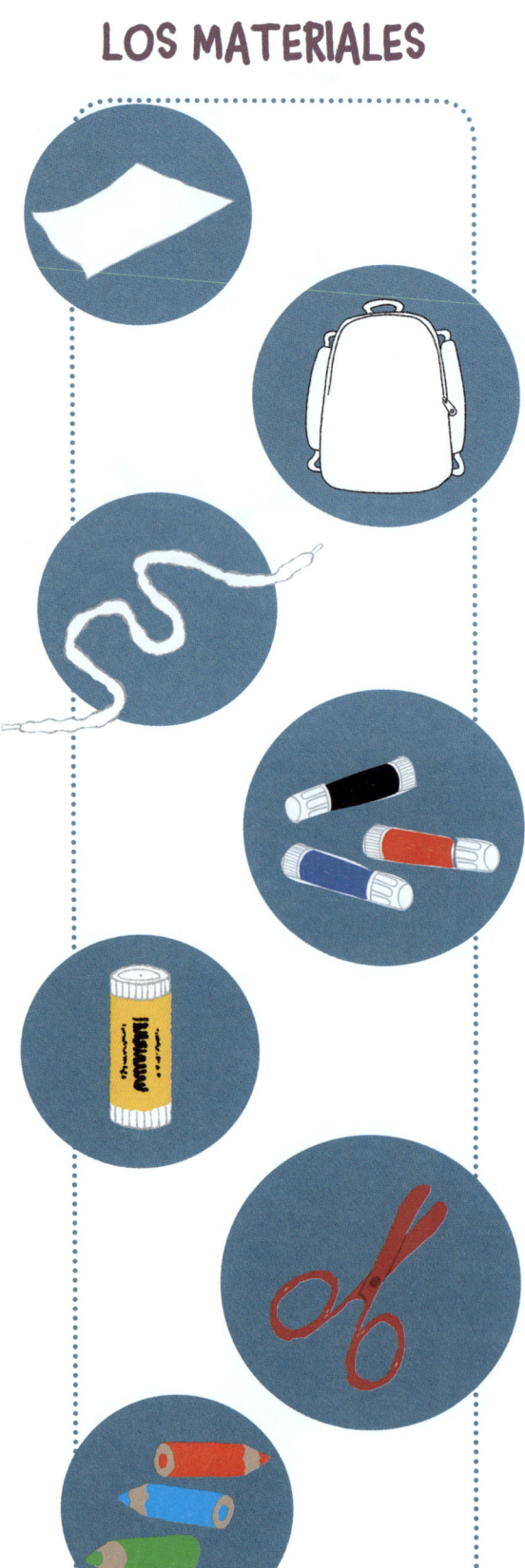

LOS PASOS

1.

2.

3.

4.

1. Recorta, dibuja, colorea y pega.

 2. Habla con tu compañero.

En mi mochila tengo un cuaderno rojo.

 3. Adivina, adivinanza.

ele - i - be - erre - o

¡Libro!

 4. Suma los objetos.

 +  +  +  = ☐

 +  = ☐

 +  +  +  = ☐

 + +  = ☐

veintitrés 23

 1. Mira y señala el color.

marrón **rosa** **gris**

morado **naranja**

 2. Mira y repite.

- el abrigo
- el bañador
- la camiseta
- los zapatos
- el vestido
- el gorro
- la falda
- los pantalones
- la chaqueta

 ■ Ahora, escucha y pega.

 3. Lee, señala y responde.

Pablo: Llevo un abrigo azul y un gorro verde.
Mateo: Yo llevo un bañador naranja y una camiseta roja.
Valentina: Yo llevo un vestido amarillo, unos zapatos negros y un paraguas.
Señorita Merino: Y yo llevo una falda rosa y una chaqueta morada. ¿Y tú, qué llevas?

Unidad 3

 1. Escucha la canción, rodea la ropa, colorea y canta.

Mi ropa

Me gusta mi ropa
porque es preciosa:
mi vestido amarillo,
mi chaqueta morada.

Me gusta mi ropa
porque es preciosa:
mi falda naranja,
mis pantalones rosas.

 **2. Juega. Mira tu tarjeta y, si es tu ropa, levántate.**

3. Escucha y elige.

4. Mira y repite.

llueve — hace calor — hace frío

5. Marca, colorea y dibuja. ¿Qué llevas hoy?

Llevo...

Yo hoy llevo...

Hace...

Unidad 3

Las aventuras de Tinta

 1. Mira, escucha y lee la historia.

¿Dónde está Mateo?

Yo soy detective. Hay unos pantalones en la mochila.

Mmmmm... Hay una camiseta en la mesa.

Sí. Es la camiseta roja de Mateo.

Mmmmm... ¡Otra pista! Hay unos zapatos en la silla.

¡Mateo, estás aquí!

Sí. ¡Hola, amigos!

¡Bien! ¡Vamos a nadar!

 2. Dramatiza la historia.

3. Completa y relaciona.

¿Dónde está la camiseta de Mateo?
La __amiseta roj__

¿Dónde están los zapatos de Mateo?
Los za__atos marrone__

¿Dónde están los pantalones de Mateo?
Los pantalon____ verde__

4. Escucha y encuentra.

veintinueve 29

Unidad 3 — Conexión con Ciencias Naturales — Las plantas

LECCIÓN 4

  1. Escucha y canta.

Las estaciones

En invierno hace frío,
llevo el abrigo.
En verano hace calor,
llevo el bañador.

Pantalones en invierno,
en verano el vestido.
En otoño la chaqueta
y en primavera la camiseta.

 2. Elige la ropa para cada estación.

- el otoño
- el invierno
- la primavera
- el verano

Explora

LECCIÓN 5

Argentina

 1. Repasa la palabra y colorea la bandera.

 2. Escucha, señala y repite.

 3. Completa los dibujos y colorea.

  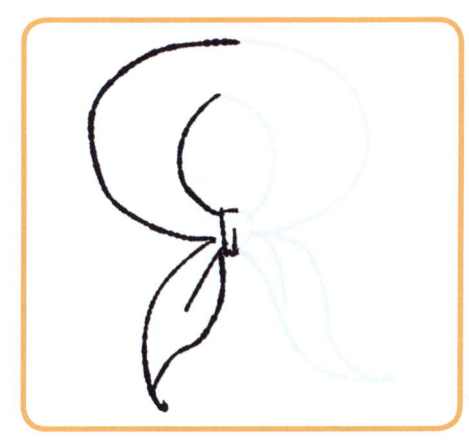

treinta y uno 31

Unidad 3

Crea tu tendedero

LOS MATERIALES

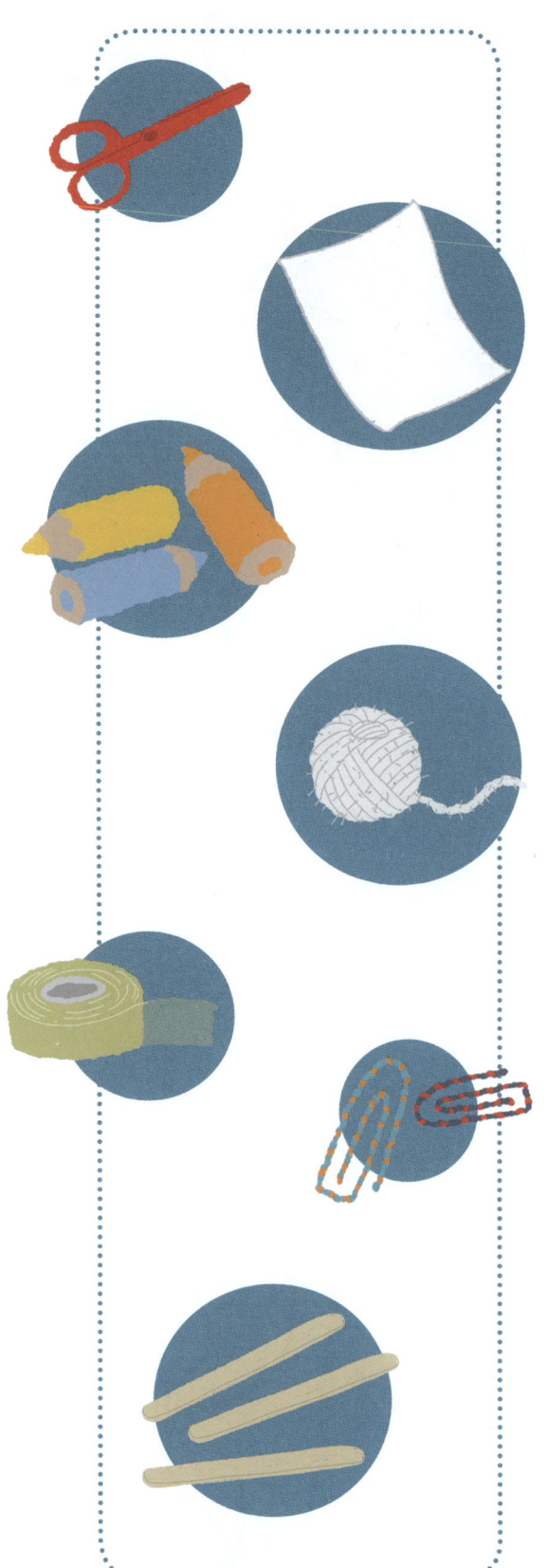

LOS PASOS

1.
2.
3.
4.

LECCIÓN 6

 **1. Recorta y colorea.**

el bañador

la camiseta

la falda

la chaqueta

el pantalón

el vestido

 2. Juega e intercambia tu ropa. Después, pega.

Niño: Tu camiseta azul, por favor.
Muchas gracias.
Niña: De nada. Tu falda negra, por favor…
Muchas gracias.

 **3. Señala y contesta.**

Profesora: Veo, veo.
Niños y niñas: ¿Qué ves?
Profesora: Veo una camiseta.
Veo una camiseta amarilla.
Niños y niñas: Aquí, aquí.
Profesora: Veo, veo.
Niños y niñas: ¿Qué ves?
Profesora: Veo una falda.
Veo una falda naranja.
Niños y niñas: Aquí, aquí…

treinta y tres 33

LECCIÓN 1

 1. Mira y repite.

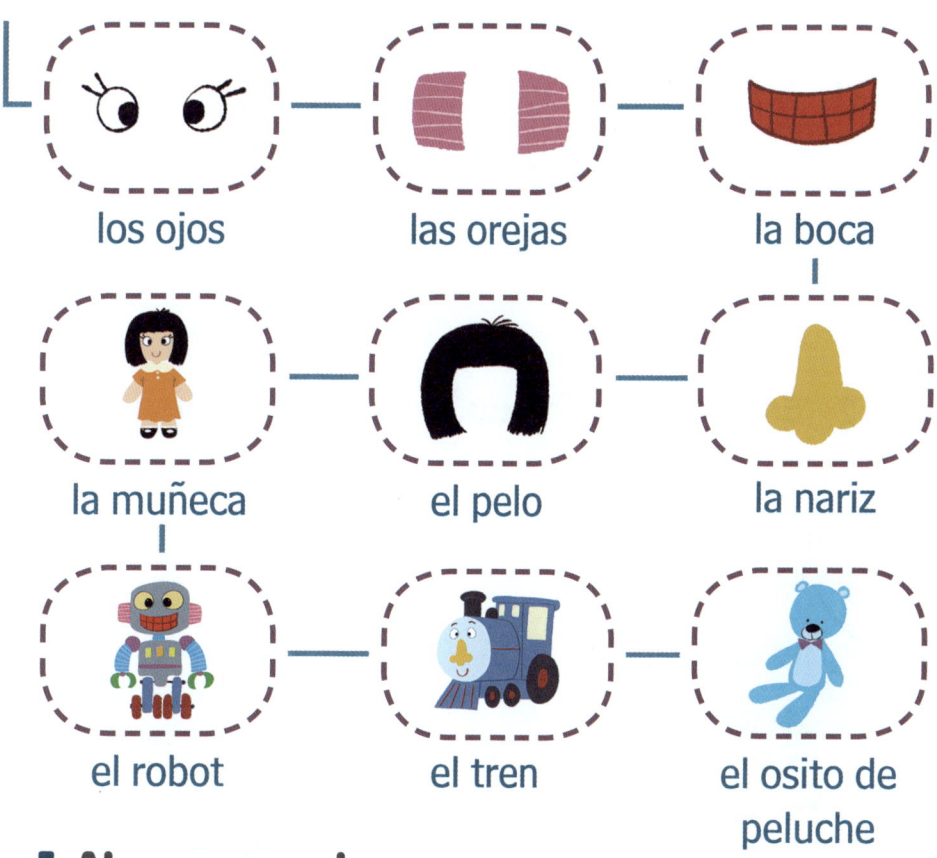

 ▪ Ahora, escucha y pega.

 2. Responde y termina las frases.

  a. El robot tiene…
  b. La muñeca tiene…
  c. El tren tiene…

 **3. Lee y practica con tu compañero.**

treinta y cinco 35

Unidad 4

  1. Mira y repite.

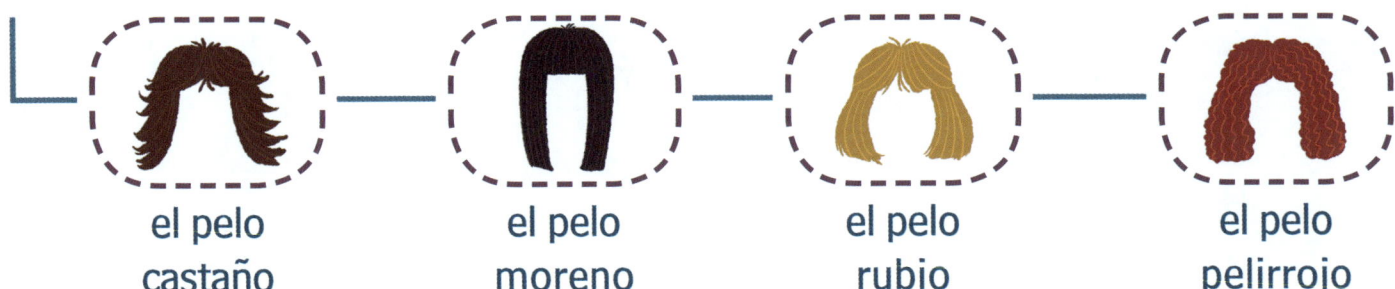

el pelo castaño — el pelo moreno — el pelo rubio — el pelo pelirrojo

  2. Escucha, colorea, escribe y canta.

Mis juguetes

Tengo una muñeca, tengo una muñeca.
¿Cómo es? ¿Cómo es?
Tiene los ojos verdes, tiene los ojos verdes
y el pelo castaño, y el pelo castaño.
Tengo un robot, tengo un robot.
¿Cómo es? ¿Cómo es?
Tiene las piernas rojas, tiene las piernas rojas
y la boca azul, y la boca azul.
Tengo un osito, tengo un osito.
¿Cómo es? ¿Cómo es?

Tiene las orejas _____,
Tiene _____,
y el cuerpo _____,
y _____.

3. Escucha, colorea, elige y dibuja.

Tengo...

Me gusta...

4. Marca lo que te gusta y dibuja cómo eres.

Me gusta...

treinta y siete 37

Unidad 4

Las aventuras de Tinta

  1. Mira, escucha y lee la historia.

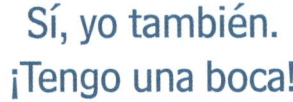

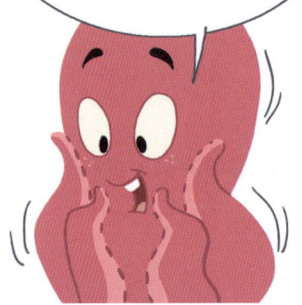

 2. ¿Cómo está Tinta? Pega las pegatinas. Ahora, dramatiza.

LECCIÓN 3

 3. Escucha, marca y descubre quién es.

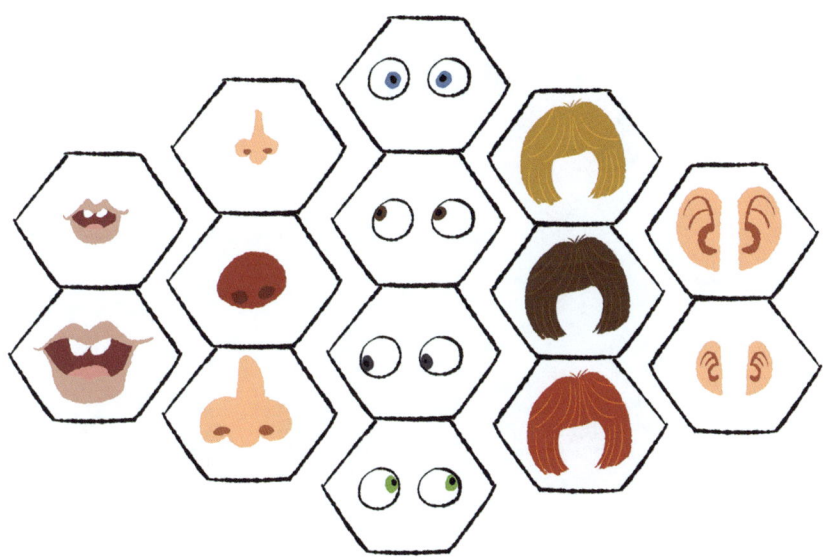

Pablo

Lucas

 4. Escucha la canción y marca los juguetes. Después, completa con el nombre de una amiga, de un amigo y de dos juguetes.

¿Quieres jugar conmigo?

Tinta, eres mi amigo, ¿quieres jugar conmigo?
Me gusta el tren y el osito también.
Valentina, eres mi amiga, ¿quieres jugar conmigo?
Me gusta la bicicleta y la muñeca también.

_____, eres mi amiga,
¿quieres jugar conmigo?
Me gusta _____
_____ también.

_____, eres mi amigo,
¿quieres jugar conmigo?
Me gusta _____
_____ también.

treinta y nueve

Unidad 4

Conexión con Ciencias Naturales — El cuerpo humano

Lección 4

1. Relaciona.

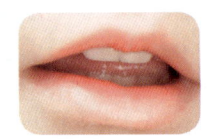  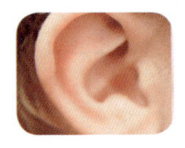 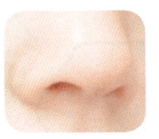 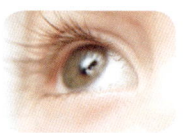

2. Escucha y canta.

Los cinco sentidos

Como, como con la boca.
Veo, veo con los ojos.
Escucho, escucho con las orejas.
Toco, toco con las manos.
Huelo, huelo con la nariz.

3. Dibuja objetos para cada sentido.

Explora

LECCIÓN 5

1. **Repasa la palabra y colorea la bandera.**

Colombia

2. **Escucha y colorea.**

3. **Dibuja una rayuela en el suelo, repite y juega.**

¿Me toca?

Sí, sí, te toca.

cuarenta y uno 41

Unidad 4

Crea Tu comecocos

LOS MATERIALES

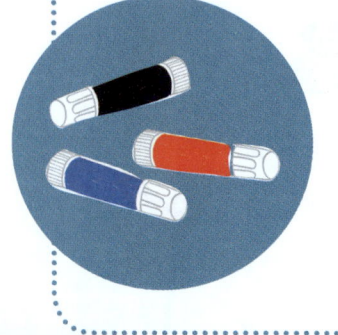

LOS PASOS

1.

2.

3.

4.

LECCIÓN 6

 1. Recorta, colorea y dobla.

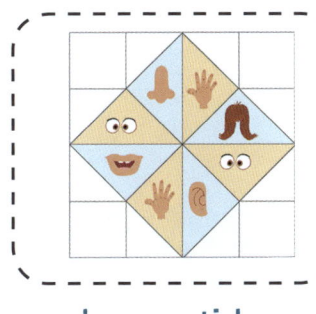
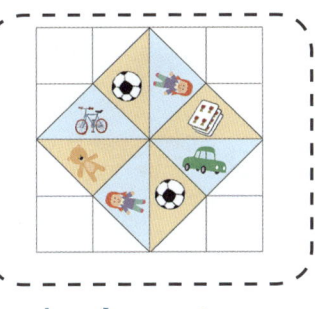

los sentidos   los juguetes

 2. Juega con el comecocos.

Profesora: ¿Quieres jugar conmigo?
Niño o niña: ¡Sí!
Profesora: Dime un número.
Niño o niña: El 6.
Profesora: 1, 2, 3, 4, 5, 6. Dime un color.
Niño o niña: El verde.
Profesora: ¡El pelo!
Niño o niña: Tengo el pelo castaño.

 3. Busca las palabras escondidas.

NARIZSSXCKOJOSTLMANOBCBOCAGKLNGHPELO

cuarenta y tres 43

LECCIÓN 1

 **1. Mira y repite.**

el oso panda — la jirafa — el pingüino

el león — la llama — el tigre

el canguro — el mono — el elefante

 2. Mira y di el color.

a. El oso panda es blanco y negro.
b. La jirafa es amarilla y marrón.
c. El león es…

 27 ■ Ahora, escucha y pega.

 **3. Habla con tu compañero.**

¿Hay un oso panda en el zoo?

Sí, hay un oso panda.

¿Hay un pato en el zoo?

No, no hay pato.

cuarenta y cinco

Unidad 5

 1. Mira y repite.

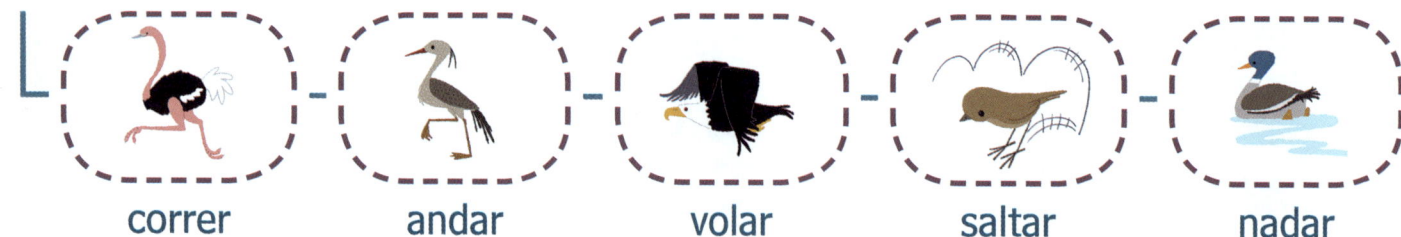

correr — andar — volar — saltar — nadar

 **2. Escribe sí o no.**

	salta	corre	nada	anda	vuela
🐒	sí	sí	no	sí	no
🐼					
🐯					
🦆					
🐧					
🦘					
🐘					
🦙					

LECCIÓN 2

 **3.** Juega y responde.

¿Qué hace el mono?

El mono salta, corre y anda.

  4. Escucha y canta.

El pato

El pato, cua, cua, cua, cua, cua.
El pato, cua, cua, cua, cua, cua.

Salta y corre, cua, cua.
Vuela y nada, cua, cua.
El patito, cua, cua, amarillo, cua.

Tiene dos patas.
Tiene un pico.
El pato es pequeño.
El pato es muy bonito.

El pato, cua, cua, cua, cua, cua.
El pato, cua, cua, cua, cua, cua.

 **5.** Observa, dibuja tu animal y descríbelo.

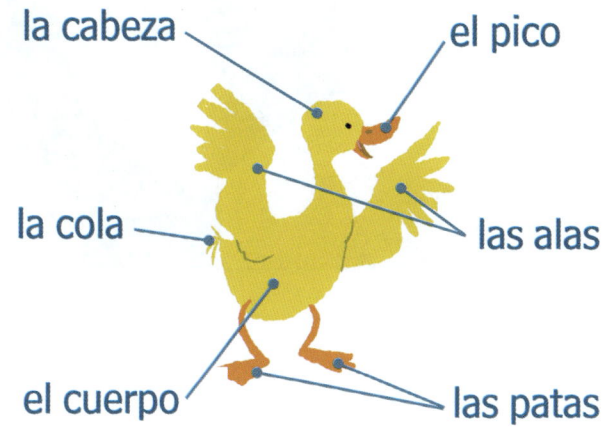

la cabeza — el pico
la cola — las alas
el cuerpo — las patas

Unidad 5

Las aventuras de Tinta

 1. Mira, escucha y lee la historia.

¡Uh, uh, ah, ah!

¡Miau, miau!

No entiendo nada.

¡Grrrr...!

¡Guau, guau!

No entiendo nada.

¡Vamos a hablar en español!

Me llamo mono.

Me llamo gato.

Me llamo tigre.

Me llamo perro.

¡Ahora, vamos a jugar!

 **2. Dramatiza la historia.**

48 cuarenta y ocho

LECCIÓN 3

3. Escucha y canta.

¿Quién soy?

¡Guau, guau, guau!
¿Quién soy?
Un perro.

¡Cua, cua, cua, cua!
¿Quién soy?
Un pato.

¡Muu!
¿Quién soy?
Una vaca.

¡Miau, miau!
¿Quién soy?
Un gato.

¡Uh, uh, ah, ah!
¿Quién soy?
Un mono.

¡Grrrr!
¿Quién soy?
Un tigre.

4. Mira y adivina.

Tiene dos patas, tiene dos brazos, tiene dos orejas, es marrón, es grande y salta. ¿Quién es?

Es el canguro.

cuarenta y nueve 49

Unidad 5

Conexión con Ciencias Naturales

Los animales

LECCIÓN 4

1. Observa y pega según el lugar donde vive cada animal.

el bosque · la granja

2. Explica y habla con tu compañero.

El perro vive en la granja.

El león vive en el bosque.

Explora

LECCIÓN 5

 **1.** Repasa la palabra y colorea la bandera.

Perú

 **2.** Observa y escribe los números.

 **3.** Señala las diferencias entre la llama y la alpaca y responde.

la llama   la alpaca

¿Quién tiene las orejas grandes, la llama o la alpaca?

1. el ojo
2. la nariz
3. la oreja
4. el cuello
5. la pata
6. la cola

Unidad 5

Crea Tu pavo real

LOS MATERIALES

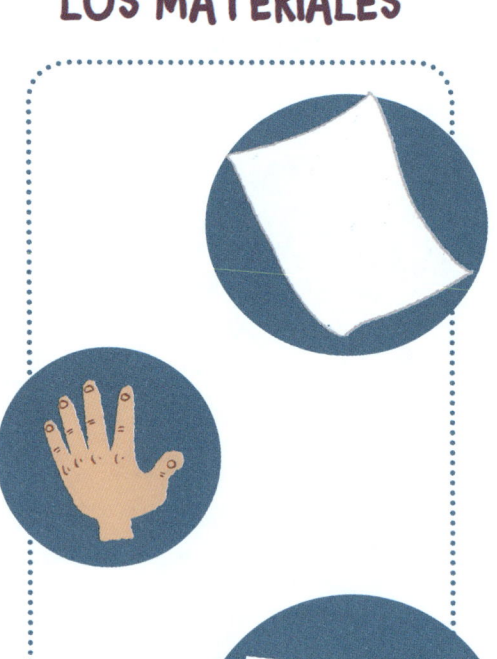

LOS PASOS

1.
2.
3.
4.

LECCIÓN 6

 1. **Pinta, colorea y dibuja.**

 2. **Repite y relaciona.**

El pavo real tiene…

pico • • cabeza

cola • • cuerpo

ojos • • patas

 3. **Escribe.**

Mi pavo real es de color _____.
Tiene _____ ojos, dos _____, un _____
y una _____ muy larga.

 4. **Habla con tu compañero: describe tu pavo real.**

cincuenta y tres 53

LECCIÓN 1

 1. Mira, repite y señala.

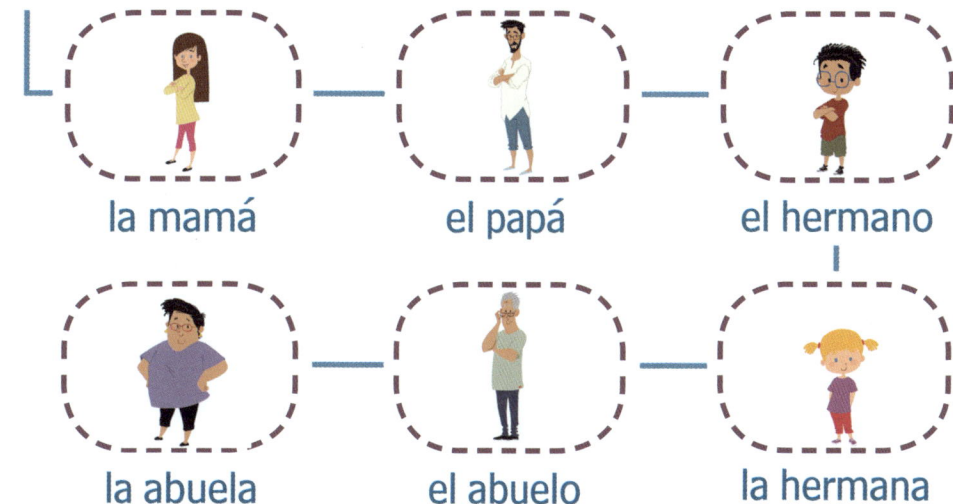

la mamá — el papá — el hermano

la abuela — el abuelo — la hermana

 2. Mira y repite.

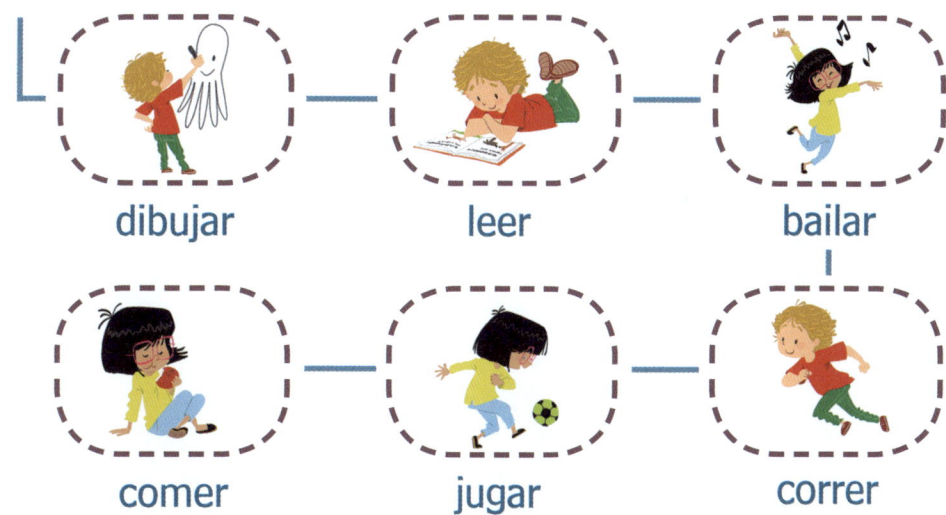

dibujar — leer — bailar

comer — jugar — correr

 🎧 31 ▎Ahora, escucha y pega.

 **3.** Repite, haz mímica y responde.

Me gusta bailar.

Me gusta dibujar.

¿Y a ti, qué te gusta?

cincuenta y cinco 55

Unidad 6

 1. Escucha la canción, dibuja y colorea tu mano.

La familia dedo

Papá dedo, papá dedo,
¿dónde estás?
¡Aquí estoy, aquí estoy!
¿Cómo estás?

Mamá dedo, mamá dedo,
¿dónde estás?
¡Aquí estoy, aquí estoy!
¿Cómo estás?

Hermana dedo, hermana dedo,
¿dónde estás?
¡Aquí estoy, aquí estoy!
¿Cómo estás?

Hermano dedo, hermano dedo,
¿dónde estás?
¡Aquí estoy, aquí estoy!
¿Cómo estás?

Abuela dedo, abuela dedo,
¿dónde estás?
¡Aquí estoy, aquí estoy!
¿Cómo estás?

 **2. Canta y baila con tus manos.**

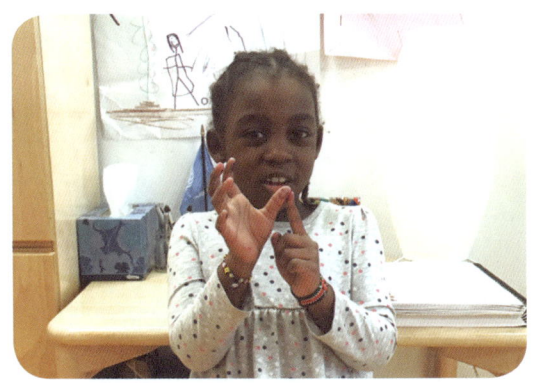

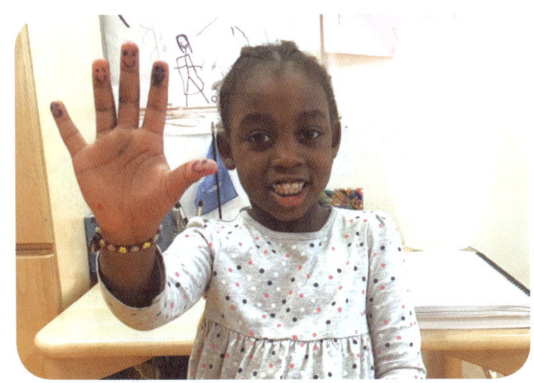

3. Escucha y numera.

4. Dibuja y presenta a tu familia. Elige a una persona y di qué le gusta.

Esta es mi familia:

mi _____

se llama _____.

Es _____.

Tiene _____.

Le gusta…

Unidad **6**

Las aventuras de Tinta

 1. Mira, escucha y lee la historia.

 **2. Dramatiza la historia.**

LECCIÓN 3

 **3.** Observa, lee y dibuja la boca.

La mamá está contenta.

El papá está cansado.

La abuela está sorprendida.

La hermana está enfadada.

El abuelo está contento.

El hermano está triste.

 4. Juega con tus compañeros.

¿Estás enfadada, Sofía?

cincuenta y nueve 59

Unidad 6 — Conexión con Educación Física — Los movimientos

Lección 4

1. Observa, lee y marca la respuesta correcta.

El abuelo está delante/detrás del submarino.

La abuela está delante/detrás del submarino.

detrás
izquierda   derecha
delante

La mamá está a la derecha/izquierda del submarino.

El papá está a la derecha/izquierda del submarino.

2. Escucha y canta.

¡Vamos a bailar!

¡Hola, hola, mamá!
¡Vamos, vamos a bailar!
¡Hola, hola, papá!
¡Vamos, vamos a saltar!

Izquierda, izquierda,
derecha, derecha.
Delante, detrás, un, dos, tres.
Izquierda, izquierda,
derecha, derecha.
Delante, detrás, un, dos, tres.

¡Hola, hola, mi abuela!
¡Vamos, vamos a bailar!
¡Hola, hola, mi abuelo!
¡Vamos, vamos a saltar!

Izquierda, izquierda,
derecha, derecha.
Delante, detrás, un, dos, tres.
Izquierda, izquierda,
derecha, derecha.
Delante, detrás, un, dos, tres.

Explora

LECCIÓN 5

 1. Repasa la palabra y colorea la bandera.

Cuba

 2. Escucha la canción y baila.

El chachachá

Soy Raúl, chachachá.
Soy cubano, chachachá.
Mi familia, chachachá,
es cubana, chachachá.

Una vuelta, chachachá,
a la izquierda, chachachá,
a la derecha, chachachá.

Saltamos, chachachá.
Corremos, chachachá.
Nadamos, chachachá.
Volamos, chachachá.

Soy Raúl, chachachá.
Soy cubano, chachachá.
Mi familia, chachachá,
es cubana, chachachá.

Hay un baile en Cuba que se llama chachachá.

Es muy conocido en todo el mundo.

sesenta y uno 61

Unidad **6**

Crea
Tu familia

LOS MATERIALES

LOS PASOS

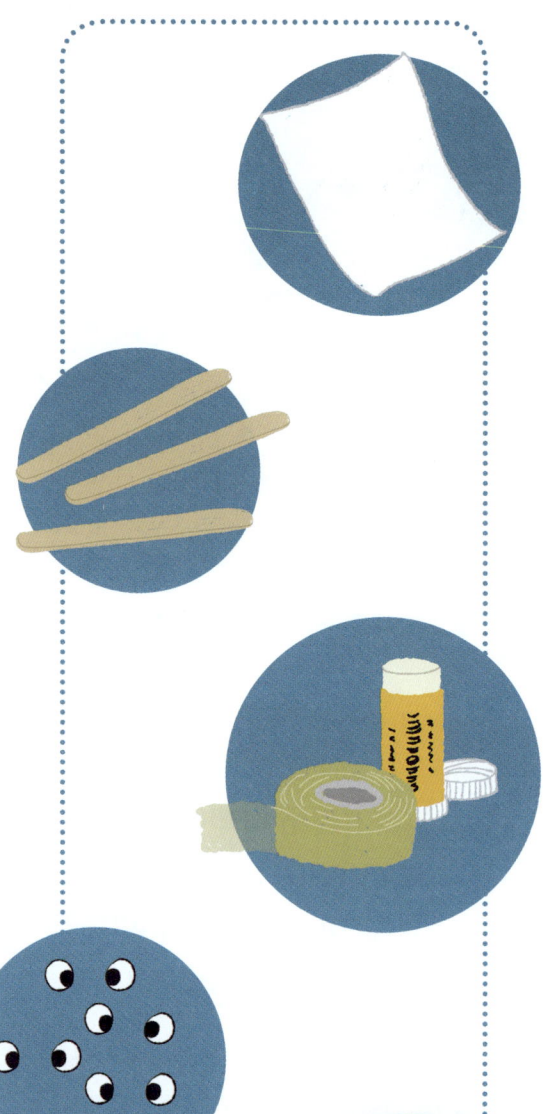

1.

2.

3.

4.

1. Colorea y pega.

2. Habla con tu compañero.

Mi hermano tiene los ojos verdes y el pelo rubio.

Mira mi familia: mi mamá tiene los ojos negros y el pelo moreno.

3. Señala y contesta.

Profesor: Veo, veo.
Niños y niñas: ¿Qué ves?
Profesor: Una mamá
Niños y niñas: Aquí, aquí.
Profesor: Veo, veo.
Niños y niñas: ¿Qué ves?
Profesor: Una hermana
Niños y niñas: Aquí, aquí.

4. Juega con las familias.

Profesora: La familia tiene una mamá, un hermano y una hermana. La mamá lleva un vestido azul. ¿Qué familia es?
Niños y niñas: La familia de...
Profesora: ¡Sí! ¡Muy bien!

sesenta y tres

Pistas de audio

Unidad 1 • ¡Hola! ¿Cómo te llamas?

1. ¿Cómo te llamas?
2. Canción del alfabeto
3. Las aventuras de Tinta 1
4. Canción *Los números*
5. Canción *El nombre de María*

Unidad 2 • Esta es mi mochila

6. Yo tengo un lápiz negro
7. Canción *Tengo una mochila*
8. Los brazos de Tinta
9. Las aventuras de Tinta 2
10. En la mochila
11. Canción *Tengo uno, tengo dos*

Unidad 3 • ¿Qué ropa llevas?

12. Hacemos teatro
13. Canción *Mi ropa*
14. ¡Hace frío!
15. Las aventuras de Tinta 3
16. ¿Dónde está?
17. Canción *Las estaciones*
18. Me llamo Eduardo

Unidad 4 • ¿Cómo eres?

19. ¿Qué haces?
20. Canción *Mis juguetes*
21. Me llamo Pablo
22. Las aventuras de Tinta 4
23. Tiene la boca pequeña
24. Canción *¿Quieres jugar conmigo?*
25. Canción *Los cinco sentidos*
26. Soy Catalina

Unidad 5 • ¡Vamos al zoo!

27. ¡Estamos en el zoo!
28. Canción *El pato*
29. Las aventuras de Tinta 5
30. Canción *¿Quién soy?*

Unidad 6 • Esta es mi familia

31. Esta es mi familia
32. Canción *La familia dedo*
33. Me gusta
34. Las aventuras de Tinta 6
35. Canción *¡Vamos a bailar!*
36. Canción *El chachachá*

Unidad 1

Unidad 2

Unidad 3

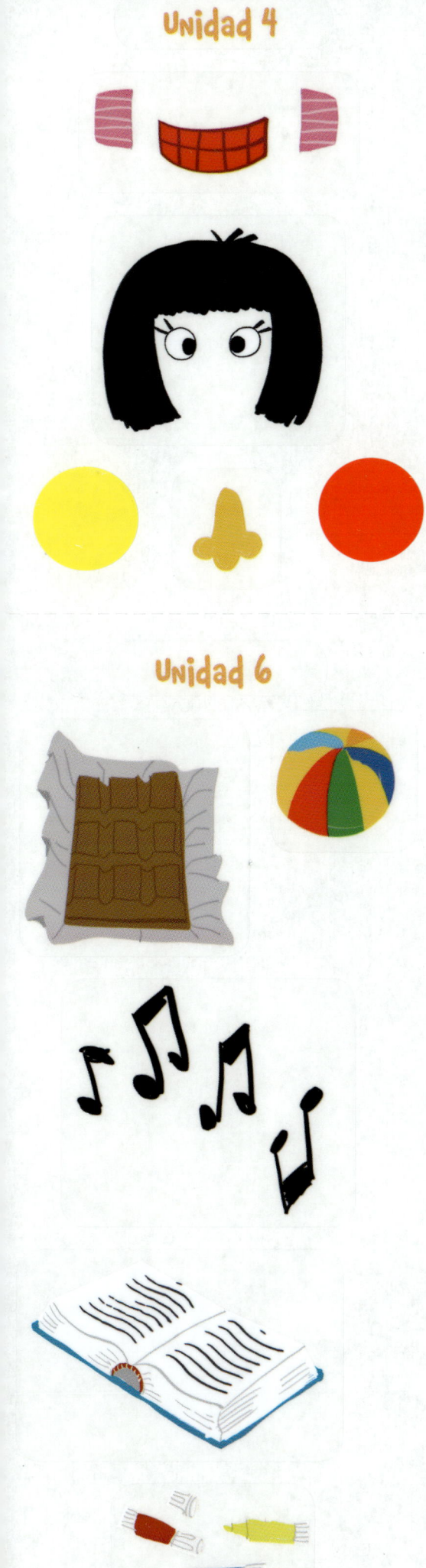